写真で見る
馬を巡る旅

My Horse Memoirs Photo Book

ＪＲＡ調教師
小檜山 悟

写真で見る
馬を巡る旅

My Horse Memoirs Photo Book

ＪＲＡ調教師
小檜山 悟

まえがき

「馬を巡る旅」は２０１４年11月から２０１９年12月まで5年間、週刊競馬ブックで連載させてもらった記事である。厩舎業務の合間をぬって取材・執筆を進めてきた。当初は慣れない活動にとまどったものの、やがて日常の一業務となった。記事は1年間で単行本にまとめ、計5冊、「馬を巡る旅」シリーズとして出版した。

毎回１６００字前後の文章に写真が1枚つく。文章は担当編集者の手を煩わせながらなんとか形にしている。文章に比べれば写真の方がよほど自信がある。特に競走馬は東京競馬場でアルバイトをしていた学生時代から撮り続けていて、競馬四季報を発行する競馬ピーアルーセンターにも出入りしていた。自分が撮った写真がグラビアを飾ったことも一度や二度ではない。

連載では毎回1枚しか使えない。これなら人の鑑賞に堪えるはずと思える1枚も多々あった。２０１９年に５年に渡る連載を終え、発表できなかった写真を機会を見てまとめたいと思った。日常に流され、今日まで形にできなかったが、やっとまとまった。

みなさんがどんな感想をお持ちになるか、批評に身を委ねたい。

＊各テーマの最後に、出典となる「馬を巡る旅」シリーズを紹介させていただいた。合わせてお読みいただけると撮影時の背景がご理解いただけると思う。

神馬にみちびかれて

神馬　8
賀茂競馬　12
流鏑馬祭り　18
馬上武芸　22
駈馬神事　26
相馬野馬追　32
くらやみ祭り　42

草競馬の愉しみ

ンマハラセー　48
さがら草競馬　54
高ボッチ　60

海外遠征

済州島　70
ニューマーケット　76

馬のいる風景

誘導馬　92
馬の温泉　94
ばんえい　96
馬市　102
木曽馬　104
馬搬・馬耕　106

神馬にみちびかれて

神馬 01

六代目 神山号［こうやまごう］

競走馬・メダイヨンは引退後、京都・上賀茂神社で「神馬（しんめ）」となった。この馬にみちびかれて私の旅が始まった。

神馬 02

片岡橋

上賀茂神社の神馬は毎年一月七日、神覧に供する「白馬（「あおうま」と読む）奏覧神事 」に臨む。神馬舎から本殿へ「片岡橋」を渡って進む。

神馬 03

供物

本殿前で、供物としてそなえられていた大豆を食べる。
六代目神山号にとって一年でもっとも重要な儀式だ。

賀茂競馬 01

倭文
［しどり］

毎年五月五日に上賀茂神社で行われる賀茂競馬（かもくらべうま）で最初に出走する二頭立ての左方の一番馬を「倭文(しどり)」と呼ぶ。儀式全体の先導役ともなり、着飾って牽かれていく。

賀茂競馬 02

乗尻

「のりじり」

賀茂競馬では騎手を「乗尻（のりじり）」と呼ぶ。歴代の氏族で構成される「賀茂県主同族会」から選ばれる。

賀茂競馬 03

素駈［すがけ］

本番前の五月一日は「足汰式（あしぞろえしき）」。そこでは、一頭一頭コースを駆ける「素駈（すがけ）」が行われる。予行演習に近い。

賀茂競馬 04

九折南下

馬場入りのときは、馬場末(ゴール)から馬場元(スタート)へ、
縦一列で左右に9回折り返しながら常歩で南下する。

賀茂競馬 05

競馳「きょうち」

競馬では二頭が走る。レースのことを「競馳(きょうち)」という。絵巻物を見るような光景に、馬事文化の確かな継承を感じる。 日本競馬の原点のひとつがここにある。

流鏑馬祭り 01

矢を放つ

富士吉田の古社・小室浅間神社では9月に「流鏑馬祭り」という神事がかつて行われていた。参道で馬を走らせ、途中の民家の二階にある的をめがけて矢を放つ。

流鏑馬祭り 02

大役を終えて

無事流鏑馬を終えた騎乗者。安堵の表情が浮かぶ。騎乗者は神社の奉仕会から選ばれる。

朝馬・夕馬

小室浅間神社の神事で使われる二頭の神馬は「朝馬」・「夕馬」と呼ばれる。着飾って街をねり歩いたのち、神社へと戻ってくる。

流鏑馬祭り 04

本殿の前で

神馬とともに本殿にお参り。
神馬は首を垂れるのみだが、
人は二礼二拍手一礼で参拝。

馬上武芸 01

騎射

［ひきゆみ］

滋賀県近江八幡市の「御猟野乃社 賀茂神社（みかりののもりかもじんじゃ）」で馬上武芸奉納が行われた。200m ほどの参道を駆け抜け、矢をつがえて途中2箇所の的を射る。

馬上武芸 02

長巻

［ながまき］

長巻は刀身も柄も長い刀。
バランスを保ち馬上でふるう
のは非常に難しい。

馬上武芸 03

馬上舞

［ばじょうまい］

女性たちが馬を片手で操作し、舞いながら参道を駆ける馬上舞。バランスが崩れないよう古式馬術の「立ち透かし」という技を使っている。

駈馬神事 01

逆乗り

京都・藤森（ふじのもり）神社に伝わる駈馬神事で披露される馬術の技は独特だ。いずれも戦場で役立つ馬術だった。「逆乗り」は逆に騎乗して馬上で後ろの敵の動静を探る技。

駈馬神事 02

横乗り

敵に姿を見られぬよう、馬の片側に身を寄せる技。

駈馬神事 03

手綱潜り

敵の矢が降りしきる中を馬で駆け抜けるときの技。

駈馬神事 04

杉立ち

馬上で逆立ちしながら駆ける技。敵をあざけり、挑発するときに用いたという。

馳馬神事 05

藤下がり

敵の矢が当たったと見せかけていったん馬上に宙づりになった後、再び騎乗し直す技。

駈馬神事 06

一字書き

馬上で文字を書いて、前線から後方へ情報を送る技。

相馬野馬追 01

出陣

福島・相馬地方で行われる「相馬野馬追」は日本最大の馬事イベント。螺貝（ホラガイ）の音が響く中、会場の雲雀ヶ原祭場に各地区の騎馬武者が参集する。

相馬野馬追 02

小さな侍

騎馬武者の中には、女性や子供も混じる。
馬上で胸を張る幼い子供にも凛とした空気を感じる。

相馬野馬追 03

甲冑競馬

甲冑を身にまとい、旗指物を背負ってのぞむ競馬。
風にたなびく指旗により、後方へ体が引っ張られる。

相馬野馬追 04

騎馬武者

騎馬騎手は小さい時から乗ってきた地元の人々。
競馬関係者も少なくない。

いろは

相馬野馬追 05

御神旗争奪戦

150騎以上の騎馬武者たちが御神旗を求めていっせいに争奪戦を繰り広げる。相馬野馬追のメインイベントだ。

相馬野馬追 06

旗指物

争奪戦の合間の休憩を利用して、旗指物を指し直す。

相馬野馬追 07

野馬懸

そもそも野馬追は野生馬を捕まえて軍馬にする行事だった。野馬懸はそれをもして神社の境内に追い込んだ裸馬を捕まえる儀式。

相馬野馬追 08

御神馬奉納

野馬懸で捕まえた馬の一頭は神馬として奉納される。馬を捕まえるのは「御小人（おこびと）」と呼ばれる馬になれた屈強な男たち。裸馬に飛びついて素手で捕まえる。

くらやみ祭り 01

闇を駆ける

東京競馬場に近い大國魂神社で春に行われる「府中くらやみ祭り」、メインは闇の中で神社前の道路を馬で駆け抜ける神事。

くらやみ祭り 02

白い馬体

夜目にも眩しい白い馬体の神馬たち。その正体はJRAの誘導馬たちだ。

神やどる馬たちの祝祭

「俺の馬、神馬になったんだよ」

東京競馬場のパドックで自厩舎の馬主でもある作家の浅田次郎氏から話を聞いたとき、機会があれば見に行ってみようと思った。馬にまつわる神社やお祭りには昔から興味があったので、軽い気落ちでとっさに思ったことだった。

浅田次郎氏の所有馬だったメダイヨンは２０１０年に競走馬を引退した。アドマイヤコジーンの子で芦毛の牡馬。縁があって、当時神馬を探していた京都の上賀茂神社に行くことになった。年をとるごとに白くなる芦毛は見栄えからも神馬らしい。こうして、代々「神山号（こうやまごう）」を名乗る上賀茂神社の六代目・神馬となった。２０１１年のことである。

２０１５年、機会があり、ようやく上賀茂神社を訪れ、メダイヨンこと六代目・神山号に会った。黙々と神事をこなす同馬に神々しいものを感じた。同時にその後も続く、馬を巡る旅のきっかけになった。

上賀茂神社といえば、日本の競馬のルーツとなる賀茂競馬（かもくらべうま）が行われる神社としても有名だ。じっくり見たことはなかったので同じ年の５月、観戦した。古式に則った絢爛豪華な行事に魅了された。

馬が神様の乗り物として認知されるようになったのは、儀式や祭礼に登場した8世紀ごろといわれる。10世紀には宮廷ゆかりの神社には神馬が飼養されるようになった。今では生きた神馬は珍しく、全国でも十数社しかいない。それでも、木像や銅像、あるいは絵馬といった形で多くの神社に残されている。

神馬の情報を探っているうち、自厩舎の馬主・西山成行氏の所有馬がやはり神馬になるという話を聞いた。場所は富士吉田市の小室浅間（おむろせんげん）神社。調べてみると秋の祭礼は「流鏑馬祭り」と称され、流鏑馬が奉納されるという。行ってみることにした。

不思議な流鏑馬だった。流鏑馬といえば普通は的への当たり外れが行事のメインとなるが、ここでは流鏑馬のときにできる蹄跡で吉凶を占うのが目的だという。いかにも地元の祭礼といったゆったりと流れる時間が印象的だった。

同じ流鏑馬でも滋賀県近江八幡市の御猟野乃社（みかりののもり）賀茂神社で行われた「馬上武芸奉納祭り」はまったく違っていた。こちらは、鎌倉時代の馬上武芸の愛好家たちが日頃の鍛錬の成果を見せる場でもあった。主催する「紅葉台木曽馬牧場」との縁で行事のことを知り、出かけた。勇壮な技の数々に酔いしれた。

京都市の藤森（ふじのもり）神社では春の祭礼時、「駈馬神事」が行われていた。戦場で使われる馬上の技を神に奉納する全国でも珍しい神事だ。境内に参集した大勢の観客の前で、文字を書いたり、逆立ちしたりと馬上でのアクロバティックな技の数々が披露される。ホースショーさながらのエンターテイメント性に富んだ行事で、楽しく観戦できた。

日本最大の馬神事といえば、福島県・南相馬地方で行われる「相馬野馬追」だろう。騎馬武者５００余騎が参加する日本有数の馬事イベントだ。空に放たれた御神旗を騎馬で追いかけ、押し合いへし合いしながら取り合う御神旗争奪戦が祭りのクライマックス。その姿はいにしえの騎馬合戦を彷彿とさせる。筆舌に尽くしがたい迫力にただただ圧倒される。

東京・府中市の大國魂神社で毎年５月に行われる「くらやみ祭り」は、ＪＲＡとも縁が深い。東京競馬場の誘導馬６頭が、ＪＲＡの職員など関係者を背に、夜８時、真っ暗な神社前の道路を駆け抜ける。その昔、馬産地でもあった武蔵の地で時の朝廷に献上するための馬を選別したことに由来する。地元では有名な馬神事だ。

様々な馬神事を取材してきたが、初めて上賀茂神社で神馬になったメダイヨンを見た時からすでに７年が経つ。２０２１年にはそのメダイヨンも神馬を引退して、七代目に引き継いだ。七代目も同じく芦毛の元競走馬。マンインザムーンの名で藤沢和雄厩舎で走っていた。

富士吉田市の小室浅間神社の流鏑馬祭りは現在はなくなったという話を関係者から聞いた。ユニークな行事だっただけに惜しまれる。

コロナ禍で中止していた各地の馬神事も２０２２年になって続々と復活した。これからも伝統を引き継いでいってほしいと切に願う。

神馬にみちびかれて

出典

書籍「馬を巡る旅」関連ページ

・神馬：馬を巡る旅…六代目神山号／白馬総覧神事
・賀茂競馬：馬を巡る旅…賀茂競馬に日本競馬の原点を見る
・流鏑馬祭り：馬を巡る旅…蹄跡で吉凶を占う
・馬上武芸：馬を巡る旅…蘇る鎌倉時代の馬上武芸
・駈馬神事：馬を巡る旅…神に守られた人馬
・相馬野馬追：馬を巡る旅〜遥かなる旅路〜…疾走する侍たち
・くらやみ祭り：馬を巡る旅…闇に浮かぶ白い馬体

草競馬の愉しみ

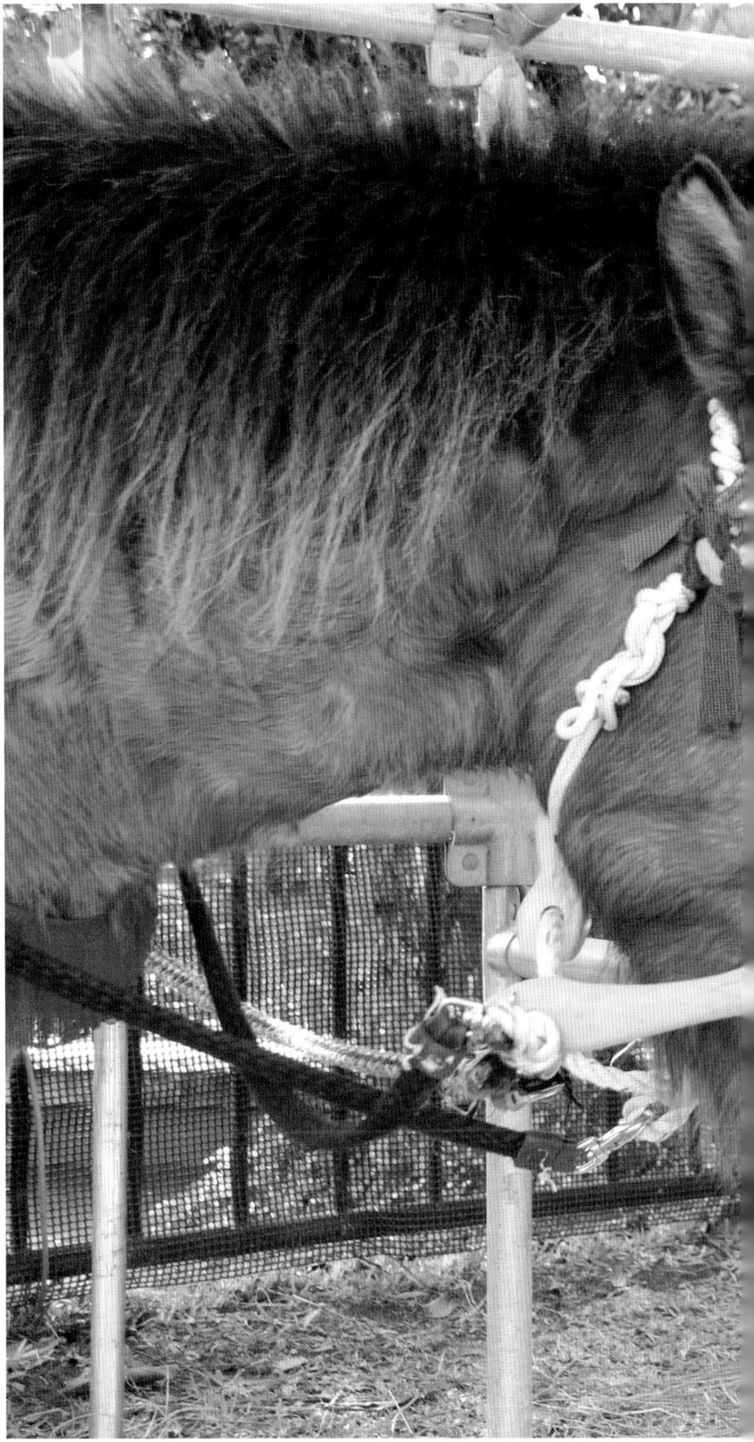

ンマハラセー 01

相談

「『ンマハラセー』って何だよ?」「知らねー」
そんな会話が聞こえてきそうな馬房の馬たち。
装飾を施され、琉球競馬を意味する「ンマハラセー」にこれから参加する。

ンマハラセー 02

「がんばってね」

ンマハラセーの舞台となった「沖縄こどもの国」の池の前。
琉球の民俗衣装を着たオーナーが愛馬の健闘を願う。

ンマハラセー 03

隊列

本番前の練習風景。ンマハラセーは速歩で争う競馬だ。

ンマハラセー 04

次代を担う

沖縄各地の乗馬クラブから集まった子供たちが騎手として参加していた。彼らが沖縄の次代の馬文化を担うはずだ。

ンマハラセー 05

スマイル

特別参加の JRA の田中勝春騎手。
民俗衣装を着て、与那国馬に乗る。
大いにイベントを盛り上げた。

さがら草競馬 01

砂浜を駆ける

静岡・牧之原のさがらサンビーチでは4月、砂浜に1周700mのコースを作って草競馬が行われる。40頭以上の馬が参加する大きな大会だ。

さがら草競馬 02

参加の子供たち

競馬にはポニーに乗った子供たちも参加。キャンターやギャロップで速さを競う。

さがら草競馬 03

砂を蹴立てて

4コーナから直線入り口にかけての曲がりは急で、
砂も深い。迫力ある攻防が繰り広げられる。

さがら草競馬 04

ホームストレッチ

ゴール前の直線。鞭がうなる。

さがら草競馬 05

未来への飛翔

大人顔負けのフォームでポニーを駆る小学生のときの佐藤翔馬。
その後、小桧山厩舎からJRAの騎手になった。

高ボッチ 01

日本一高い競馬場

長野・高ボッチ高原には草競馬場がある。標高は約1665m。夏には60年以上続く伝統の草競馬大会が開かれる。

高ボッチ 02

高原を進む

1日で全26レースが行われる。なかなか慌ただしい。

高ボッチ 03

観光資源

1周は400mと小さいが、すり鉢場になっているので、コースを囲む丘からは見やすい。近隣の馬好きはもちろん、県外から観光客が集まる。

高ボッチ 04

臨時馬房

参加頭数は全部で約 80 頭。
森の中に作られた臨時馬房につながれた馬たち。

高ボッチ 05

出番を待つ

馬房に入れなかった馬は木々の間につながれて、出番を待つ。

もうひとつの「競馬」

日本各地で行われる草競馬には、特有の雰囲気がある。一般の人が馬に親しみ、ハレの日の娯楽として興じる姿は、次代に継承されるべき馬事文化のひとつだ。

運搬や農耕で馬が主役だった時代、馬は身近な存在だった。地方では近在の村から自慢の馬を持ち寄り、普段は牧夫や農夫として働く人たちが、馬上で競走の技を競った。観客もおらが村の馬、おらが村の騎手に熱狂する。競馬の原点ともいえる風景だ。

戦後、馬の役割は車やトラクターに取られ、村から馬がいなくなった。そんな中、伝統の喪失を惜しむ有志が保存会などを組織し、なんとか存続させてきた。30年以上前は、北海道をはじめ全国あちこちで草競馬大会が開かれていた。やがて保存会の有志も高齢となり、地元の草競馬には馬も人も集まらなくなり、次第に廃れていってしまった。

1990年代ごろ、自分も毎年のように参加していた北海道の草競馬大会も今では消えてしまった。寂しい限りだが、これも時代の趨勢で致し方ないのかもしれない。

だが一方で新たな芽も出ている。きっかけとなっているのが、JRAが主催するイベント「ジョッキーベイビーズ」だ。ジョッキーベイビーズは全国を7つのブロックに分け、それぞれ予選会が行われる。いくつかの予選会は、草競馬大会の中で行われている。ここで紹介した「ンマハラセー」「高ボッチ草競馬大会」などがそれだ。予選会のレースの熱狂は、地元の馬事愛好家にも確実に伝わっている。

琉球競馬「ンマハラセー」のことは本で知ってはいたが、取材のきっかけは、この大会の理事で沖縄馬術連盟の花城薫氏だった。大学の馬術部後輩で70年ぶりにンマハラセーを復活させたひとりだった。すぐに連絡を取り、直近の大会を観戦した。ンマハラセーは普通の草競馬とは違うユニークなものだった。琉球の民俗衣装に身をつつんだ乗り手、着飾った馬たちがマッチレースで速歩を競う。駈歩は失格となる。華やかながら、南国独特ののんびりした時間が流れていた。

さがら草競馬は、日本では珍しい砂浜での競馬だった。主催者のひとり、牧之原商工会会頭の本杉芳郎氏は、自厩舎で昔からお世話になっている馬主さんだった。「ゲストとして実況席で解説を」と頼まれた。

行ってみると思った以上に大きな大会で、人も馬も様々なところから集まっていた。海をバックに馬が走る姿は美しかったが、レースはレベルが高かった。それもそのはずで、廃止となった地方競馬場の元・騎手や調教助手などが混じっていた。

ここで小学生だった佐藤翔馬と初めて会った。大人に混じって軽種を駆る小学生とは思えないレースぶりに舌を巻いた。将来は騎手になりたいという。「ＪＲＡに来るんだったら、うちにおいで」半ば冗談でいったことが、その後、現実になった。

高ボッチへは、以前行ったことがあった。長野で馬関係の取材をしていたとき、山の中の高原に競馬場があることを知った。細い山道を延々と進み、「間違えたのでは？」と思い始めたところで急に視界が開け、すり鉢状のトラックらしき広場が現れた。

半年後、草競馬大会のときに来てみると、様相が一変していた。大会を知らせるのぼりがはためき、屋台やらバーベキューをする観客やらでごった返している。多くの馬が森の中の臨時馬房や木々の間に繋がれている。

トラックは超小回りでアップダウンもある難コース。スピードは出ないもののコーナーリングには技がいる。野趣あふれる大会ながら、同日ジョッキーベイビーズの予選も行われた。参加する子供たちは真剣そのもの。白熱したレースが展開された。

草競馬は地方を代表する馬文化の一つだが、時代とともに乗り手も馬も少なくなった。存続には熱意だけでなく人手も資金も必要だ。「なんとか次代に残せないものか」そう思いながらシャッターを切った。

草競馬の愉しみ

出典

書籍「馬を巡る旅」関連ページ

・琉球競馬：馬を巡る旅…美を競う琉球競馬
・砂浜競馬：馬を巡る旅…砂浜を駆ける
・高ボッチ：馬を巡る旅〜遥かなる旅路〜…高原を駈ける馬たち

海外遠征

済州島 01

チェジュ競馬場

馬旅初の海外遠征の地は韓国・済州島。KRA（韓国馬事会）が管理する競馬場がある。1周は約1600m。ホームストレッチは400mほど。日本の地方競馬場と変わりない。

済州島 02

ポニー競馬

馬はサラブレッドではなく、在来の済州馬（チェジュマ）か、済州馬とサラブレッドを掛け合わせた漢拏馬（ハルラマ）。分類からするとポニー。

済州島 03

チョランマル

行政府の畜産振興院が管理するチョランマルの生産牧場。チョランマルは済州馬の別名で地元では親しみを込めてこう呼ぶ。島の天然記念物でもある。

済州島 04

春を待つ

出産を控えたチョランマルの母馬たち。

済州島 05

ホースショー

済州島は在来馬だけでなくサラブレッドの生産も盛んな馬の島。
ホースショーも有名だ。

済州島 06

スペクタクル

野外のホースショーでは馬を使って歴史ドラマを再現したものも。
50頭近くの馬が入り乱れる様は壮観。

ニューマーケット 01

サンダウン競馬場

2016年8月、藤田菜七子騎手の初の海外遠征に同行。サンダウン競馬場で行われる女性騎手の国際競走に参戦予定だったが、アクシデントで乗れず。傷心の同騎手とニューマーケットへ。

ニューマーケット 02

ヴァリアン厩舎

騎手の心の傷を癒すには馬に乗せるにかぎる。藤田騎手は、ニューマーケットのヴァリアン厩舎の朝の調教に乗った。

ニューマーケット 03

調教へ

各厩舎を出た馬たちは、
そのまま調教コースへと向かう。

ニューマーケット 04

朝の風景

ニューマーケットの朝7時。
時期は8月だが、空気は冷たい。

ニューマーケット 05

自然の中で

林に囲まれた広大な調教場にイギリス競馬300年の歴史がある。

ニューマーケット 06

ウォーミングアップ

軽いキャンターで準備運動しながら、坂路へと向かう。

ニューマーケット07

調教に乗る

海外での初めての調教に乗る藤田騎手。どんな思いなのか。

ニューマーケット 08

厩舎へ

調教を終えて厩舎へと帰る各馬。
人も馬もリラックスした様子がうかがえる。

ニューマーケット 09

笑顔

調教後の藤田騎手。笑顔が戻った。

ニューマーケット 10

明日を夢見て

開催はなかったが、ニューマーケット競馬場を藤田騎手と訪れた。
いつの日かこの直線を走る自分の姿が見えているはずだ。

韓国とイギリス

海峡を越えて韓国・済州島におもむいたのは一人の人物との出会いだった。

馬のことを包括的に学術研究する団体「日本ウマ科学会」というものがある。年に1回ジャパンカップの翌日に総会が行われる。自分も会員として参加している。その席で韓国・国立済州大学の教授・康先生の特別講演があった。内容は済州島での馬産業の現状とその分析についてだった。おもしろかったのですぐに挨拶に行った。「ぜひ一度済州島にいらしてください」そう声をかけてもらい、何度か連絡を取り合ううちに、なぜか済州大学で特別講義をすることになった。国立大学で講義など恐れ多いと思いつつ、せっかくの機会なのでいってみることにした。

済州島は、「韓国のハワイ」といわれる一大リゾート地だが、韓国における馬産の中心地でもある。国内の競馬で使うサラブレッドはたいてい済州島産だ。馬産に絡んで、競馬やホースショー、馬を使った畜産品や嗜好品などもある。康先生たちは馬に関する事業を同島の産業として発展させていこうとしていた。

先生のコーディネイトは完璧だった。ＫＲＡ（韓国馬事会）の種馬場や育成場の見学、生産者団体との懇親会、ホースショーやチェジュ競馬場でのレース観戦と、済州島における馬産業の現状を一通り紹介してもらった。

講演では主にＪＲＡの競馬運営システムについて話をさせてもらった。康先生の研究室に所属する学生たちが熱心に聞いてくれた。

競馬という共通のテーマを持ちつつ異文化に触れたことは、非常に刺激になった。

２０１６年にデビューした藤田菜七子ジョッキーの初の海外遠征に同行したのは、「かわりにいってくれない？」と彼女の師匠・根本康広師に頼まれたからだった。

根本師とは普段から親交がある。師は、自分がイギリスで競馬留学の経験があることもよく知っていた。

藤田ジョッキーが招待されたのは、ＵＡＥのファティマ妃殿下が主催する「レディースワールドチャンピオンシップ」。ロンドン近郊のサンダウン競馬場で開催された。

残念なことにパドックでのアクシデントで彼女は参加できなかった。悔し涙に暮れる彼女に対し、ニューマーケットでの朝の調教に乗れるよう、ＪＲＡのスタッフが手配してくれた。

翌朝、一緒に同地へと向かう。お世話になったのはロジャー・ヴァリアン師の厩舎。同氏の奥さんは日本人のハナコ・ヴァリアン氏で、歓待してくれた。

馬に跨り、他の攻め馬手とともに初めてのラージヒルを駆け上がる藤田ジョッキー。次第に前日までの固い表情が取れ、笑顔も戻った。

調教後、ニューマーケット競馬場にも足を運んだ。開催こそしていなかったものの、本場イギリスの競馬場に彼女も感慨深げだった。同日、ロンドンに戻り、アスコット競馬場にも行ってみた。こちらも開催がなく、柵の外から中を覗くしかなかった。

３年後の２０１９年、そのアスコット競馬場で藤田騎手が騎乗した。参戦したのはシャーガーカップ。女性騎手選抜チームの一員として、世界のトップジョッキーと争った。

初海外遠征でのアクシデントを乗り越え、その後の海外遠征で結果を出した同騎手が成長してたどり着いた場所だった。柵越しに眺めたあの日がそこにつながったと思いたい。

韓国とイギリス。馬を巡る海外の旅は2度とも印象深いものだったが、現役でいるうちはなかなかおいそれと出かけることができない。コロナ禍が終わり、現役を引退したら、積極的に出かけてみたいと思っている。

海外遠征

出典

書籍「馬を巡る旅」関連ページ

・済州島：馬を巡る旅…海峡を越えて

・ニューマーケット：馬を巡る旅〜遥かなる旅路〜…天馬の翼

馬のいる風景

誘導馬

整列

日本ダービーの入場時は、芦毛の誘導馬たちが出走馬を先導する。乗り手も燕尾服にシルクハットの正装だ。彼らにとっても晴れ舞台の1日になる。

馬の温泉 01

「いい湯だな」

福島・いわきの「競走馬リハビリテーションセンター」には温泉施設がある。

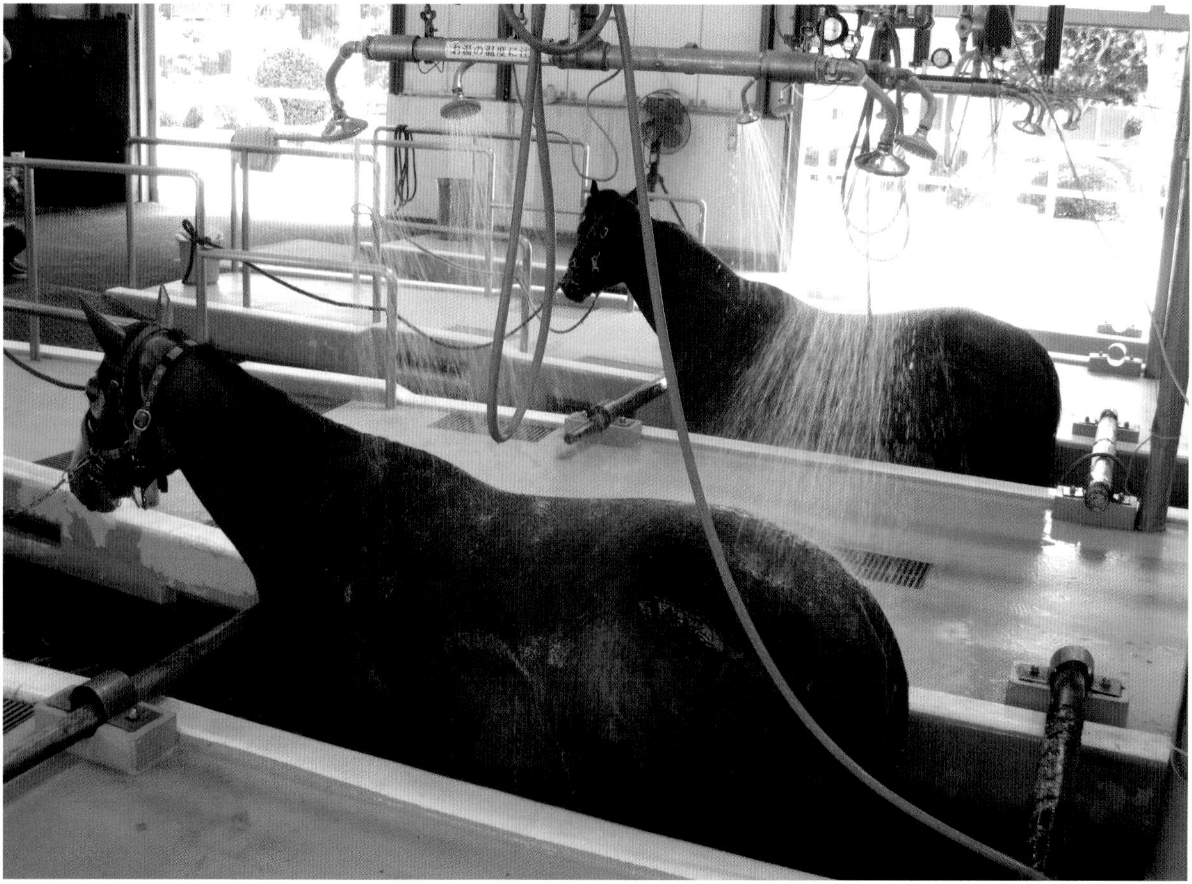

馬の温泉 02

リラックス

同センターで乗用馬として過ごすメイショウカイドウ。すっかりリラックスした姿を見せる。

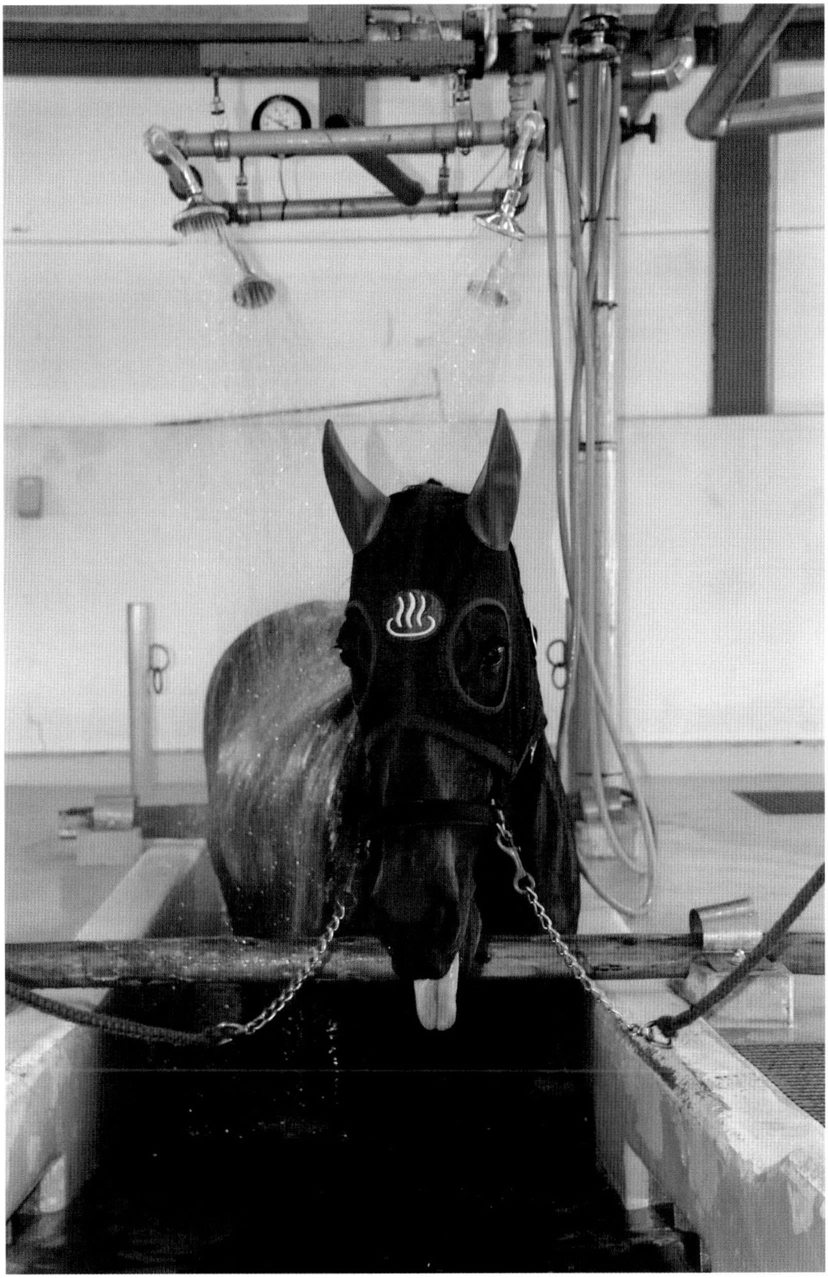

ばんえい 01

坂を越えて

ばんえい競馬のメッカ、北海道・帯広競馬場。
2度の坂越えの後、掲示板の前を通ってゴールへと向かう。

ばんえい 02

冬を前に

11 月上旬の帯広。雪にはまだ早いが、早朝の寒さは厳しい。
調教中のばんばは汗の蒸気に包まれる。

ばんえい 03

朝日を浴びて

ようやく陽が上ってきた。
朝日を浴びながらばんばの調教は続く。

ばんえい 04

白い息

ばんばの吐く息は早朝の寒気の中で白く輝く。

ばんばの騎手

同じ騎手でもばんえい競馬の騎手は大きさが違う。
たくましい体躯がそり上に映える。

ばんえい 06

厩舎の子

厩舎関係者の子供だろう、重し代わりにそりに乗る。
小さい時からばんばに親しめば、あとを継いでくれるかもしれない。

馬市 01

セリ

北海道・釧路の大楽毛の家畜市場で行われる馬市のセリにはポニーから重種まで雑多な馬が取引される。次から次へと馬が現れ、あっという間に取引されていく。

馬市 02

ベルトコンベア

セリに出される馬たちがつながれているのはベルトコンベア。
上場されるごとにセリ会場へと引かれていく。

木曽馬 01

点景

長野・開田高原にある「木曽馬の里」では木曽馬の保存事業が行われている。放牧場では、草を食む木曽馬たちの、白樺をバックにした美しい点景が見られる。

木曽馬 02

引き馬

施設内には「木曽馬乗馬センター」があり、
子供も馬に乗れる。

馬搬・馬耕 01

新しい形

馬で山から木を運び出す「馬搬」という技術が昔はあった。これを引退した競走馬でできないか、という試みが始まっている。

馬搬・馬耕 02

雪上の重種

雪をもろともせず、
人を乗せたタイヤをひく重種。

馬搬・馬耕 03

雪の中で

雪中を後ろに人を乗せて雪上を進む重種だが、あくまで馬搬・馬耕のデモンストレーション。後ろの人を鋤きに変えれば畑を耕す馬耕となる。

ファインダーの中の馬たち

一般の人が馬を見ることは日常生活の中では稀だろう。競馬場で初めて見たという人がほとんどではないだろうか。40年以上馬を見続けてきた自分でも、ファインダー越しに見る姿はいつも新鮮だ。思いのほか印象深い「馬のいる風景」が目に飛び込んで来ることもある。

競馬場には競走をしない馬がいる。パドックから本馬場へ出走馬を導く誘導馬だ。特に白い馬体の芦毛馬は目立つが、血統的に芦毛が出やすいグレイソブリン系は総じて気が悪い。ファンファーレを聞くだけで暴れだすような馬も珍しくない。そんな馬が、訓練を重ねて少々のことで動じなくなり、ＪＲＡスタッフの乗り手の指示に従うようになる。特に日本ダービーのときは、午前中の平場のレースから人馬ともに正装で登場する。彼らにとっても年に一度の晴れ舞台だ。誇らしげな表情がファインダーから読める。

福島・競走馬リハビリテーションセンターの「馬の温泉」では、温かなシャワーを浴びてすっかりリラックスした競走馬を見ることができる。多くはリハビリのためにいる馬たちだが、メイショウカイドウは別。現役時代は「小倉の鬼」と呼ばれた重賞馬だが、シャワーを浴びながらペロッと舌を出した姿がなんとも愛らしかった。

11月の朝の帯広競馬場。ばんばたちの調教が続く。白い馬体から立ち上る湯気と吐息が朝日に映えて幻想的な風景が現れる。この様子が見たくてやってきた。シャッターにかけた指にも力が入る。

ばんえい競馬は同じ競馬とはいえ、趣を異にするが、馬で行うレースには違いない。ホースマンとして厩舎で馬にかける手間は何ら変わらない。

日本には固有の馬が全国に10種いる。木曽馬もその一種。短躯で短い脚が小柄ながらもいかにも頑健でへこたれない印象を与える。かつては険しい木曽の山の中で、荷を運び、棚田を耕し、人を乗せた。戦前の軍馬改良の波に巻き込まれ、一時は絶滅が危惧されたが、戦後愛好家の手で復活した。今ではＪＲＡの支援を経て、保存会が運営する「木曽馬の里」で繁殖事業も行われている。

競走馬の世界では引退馬の余生についての関心が高まっている。持続可能型社会における馬の利活用についても注目されている。そんな中で山中の木材を馬で運搬する馬搬、馬で田畑を耕す馬耕、といったかつての技術を復活させようとする試みがある。

馬を巡る旅の中で、様々な馬のいる風景を見てきた。一味違う新鮮な馬の姿にあらためて馬事文化の大切さを感じる。

馬のいる風景

出典

書籍「馬を巡る旅」関連ページ

・誘導馬：馬を巡る旅～遥かなる旅路～」…欠かせないスタッフ
・馬の温泉：馬を巡る旅～旅路の果ての夢～…復帰を支える
　：馬を巡る旅～厩舎の四季～…令和の温泉
・ばんえい：馬を巡る旅～厩舎の四季～…働く馬の風景／朝の調教
・馬市：馬を巡る旅～厩舎の四季～…馬王国の異種格闘技戦
・木曽馬：馬を巡る旅～厩舎の四季～…和種の血脈をつなぐ
・馬耕・馬搬：馬を巡る旅～旅の終わりに～…馬と生きる

あとがき

いかがだっただろうか？　写真に語らせるべき内容を込めて、その時々のシーンを切り取ってきたつもりだが、どんな感想をお持ちになっただろうか？

基本、馬は動きのある動物だ。動いてからシャッターを切っていては、どうしても遅れがちになる。常に彼らの行動を予測し、半歩先を見据えた撮影が必要だと思っている。

ともかく枚数を抑えればそれなりの写真は撮れなくもないが、なにか納得がいかない。フィルム時代は一コマ一コマが勝負だった。そんな感覚があるので、狙った瞬間でしかシャッターは押せない。

こうして一枚一枚丁寧に撮った写真を掲載させていただいた。もちろんデジカメで撮ったものだが、撮影後のデジタル処理は極力控えた。これも暗室での現像・焼き付けが習い性になっていた影響かもしれない。

連載当時から多くの方々の協力があった。最後に、あらためて感謝したい。

【著者略歴】
1954年生まれ。兵庫県西宮市出身。
1969年アフリカに渡り、ナイジェリアの高校に留学。
帰国後、東京農工大・馬術部を経て、1981年JRA調教助手。
調教師免許取得は1995年。翌年厩舎開業。
通算288勝(2023年2月末現在。中央214勝・地方74勝)。
2008年の日本ダービー、スマイルジャックで僅差の2着。
浅田次郎、萩本欽一、故・志村けんなど著名人を馬主にもつ。

写真／小檜山 悟

装丁・デザイン／修水

編集／SHIGS

写真で見る 馬を巡る旅

著者　小檜山 悟

2023年4月15日　第1刷　発行

発行人　塩見正孝

発行所　株式会社三才ブックス

〒101-0041 東京都千代田神田須田町2-6-5 OS85ビル3階
電話 03-3255-7995(代表)／FAX 03-5298-3520

問い合わせ　info@sansaibooks.co.jp

印刷・製本　株式会社シナノ